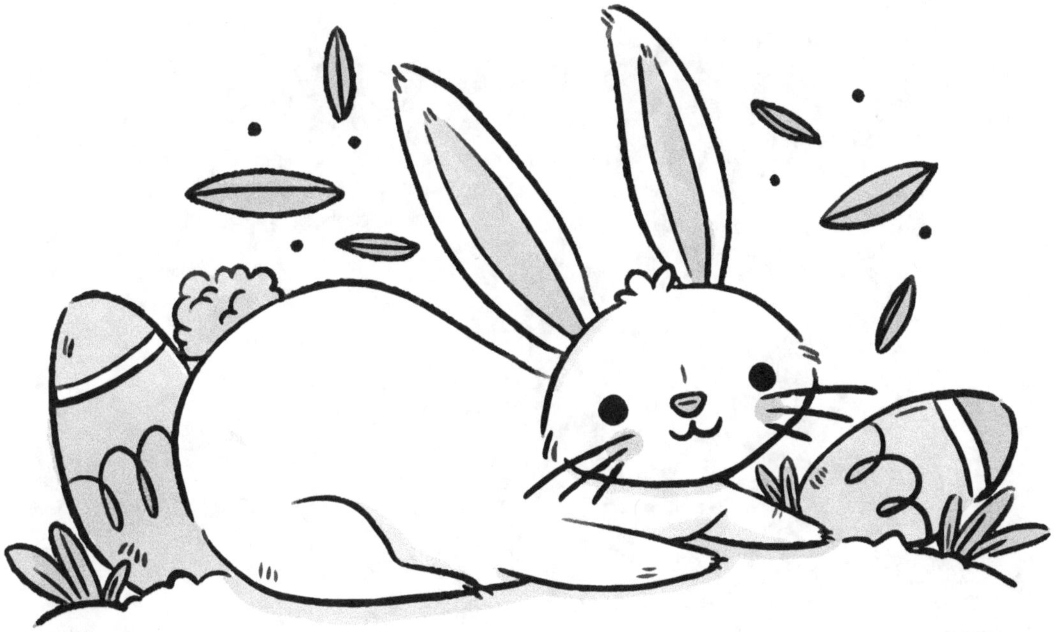

Happy Easter

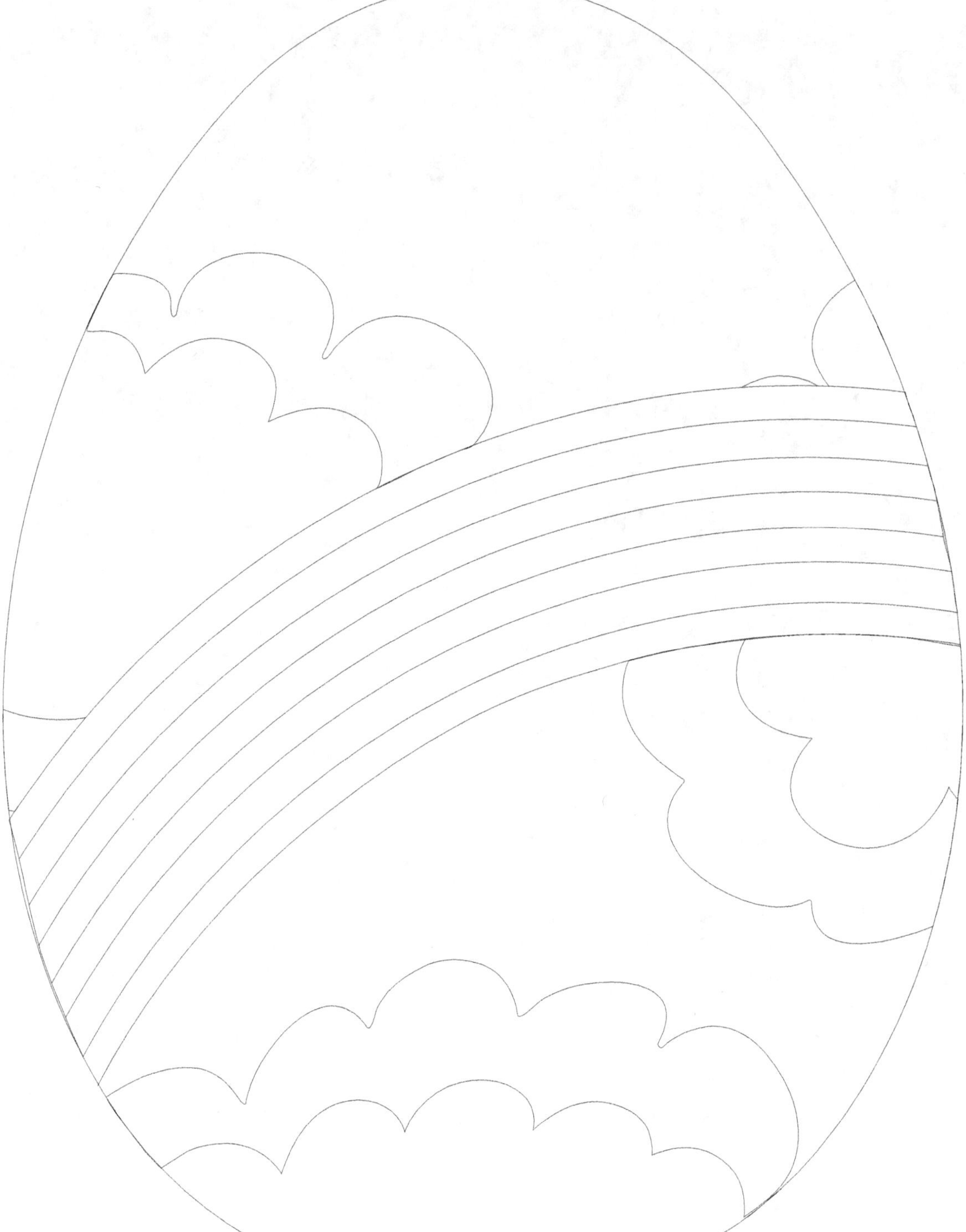

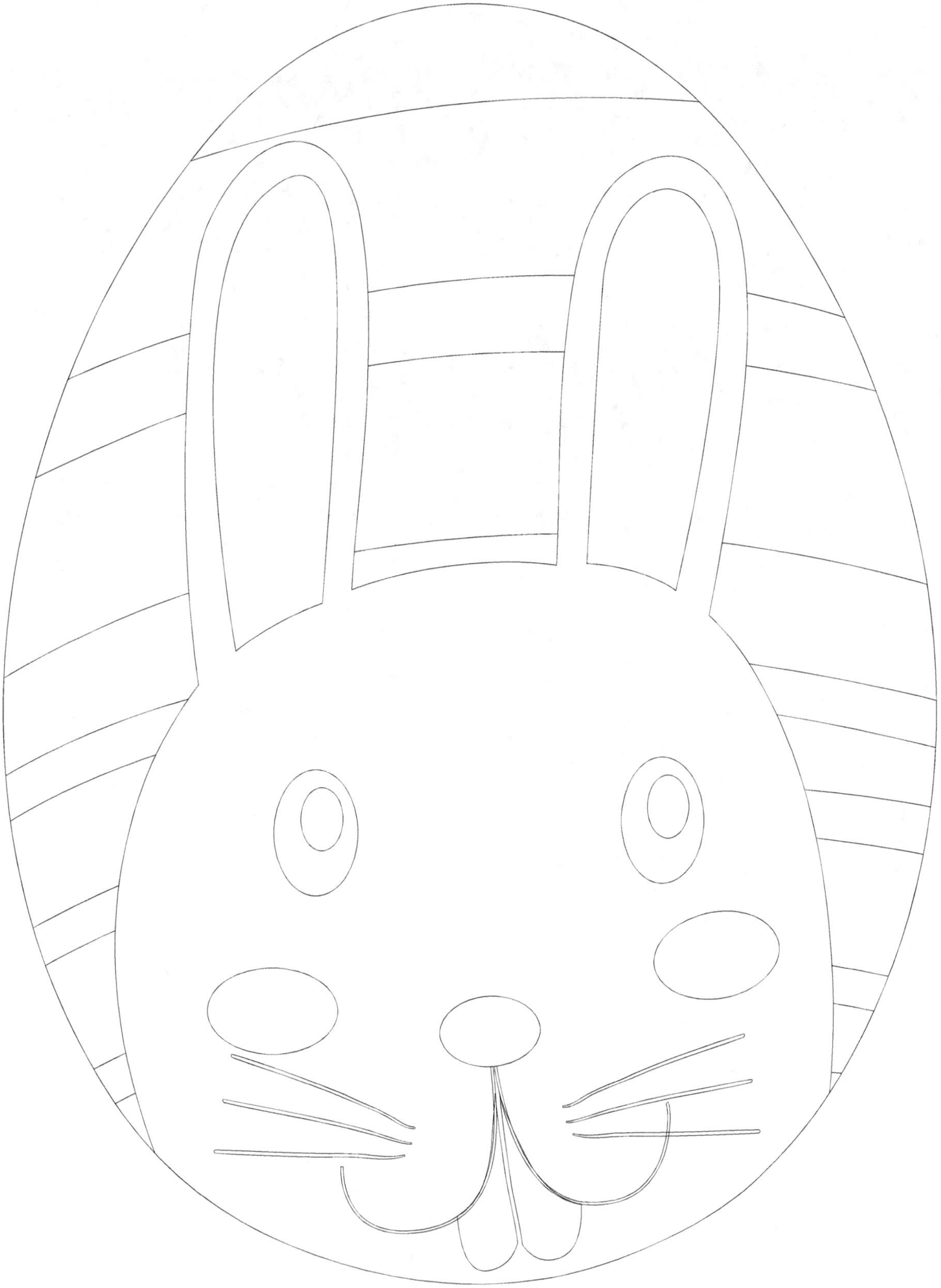

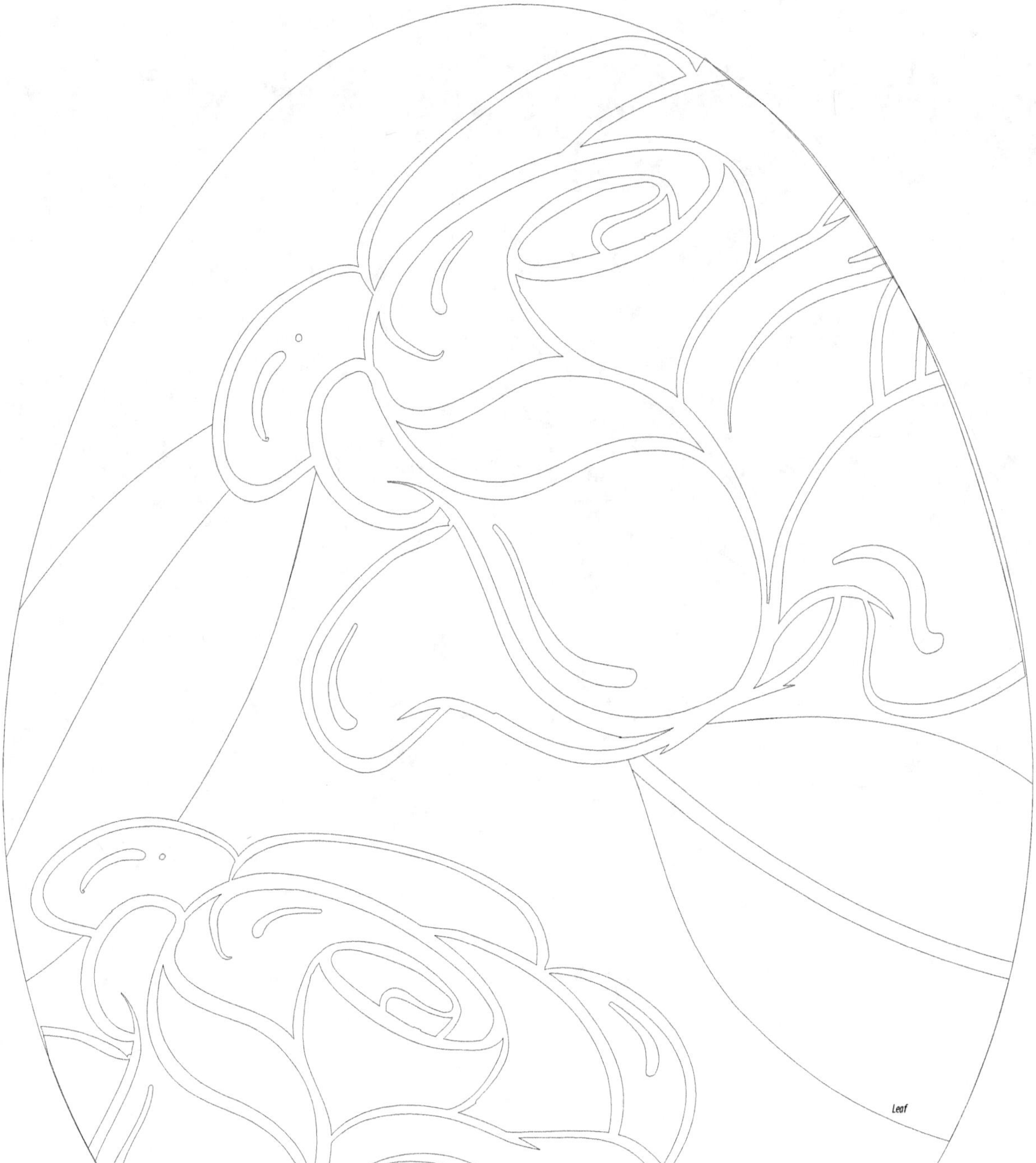
Leaf

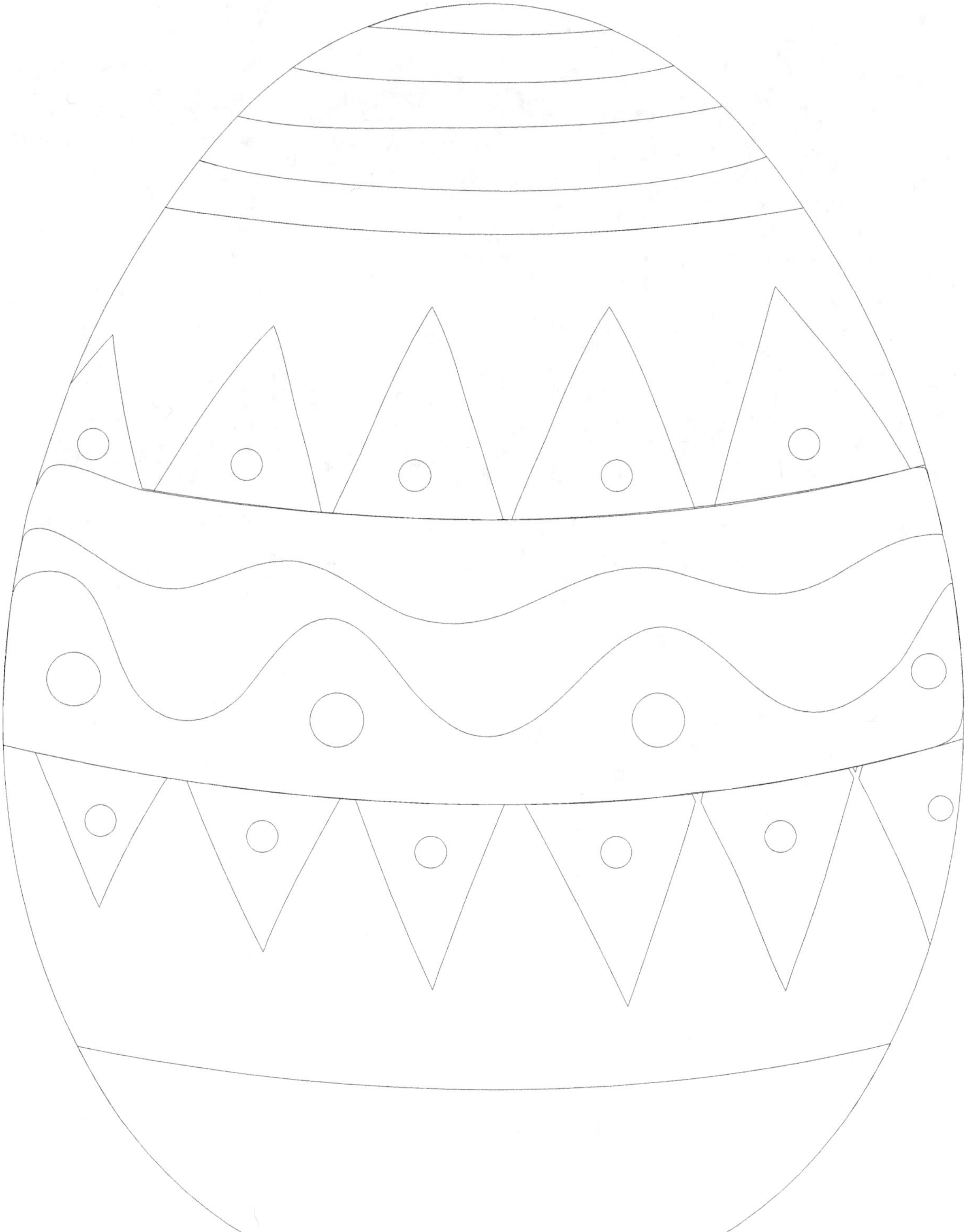

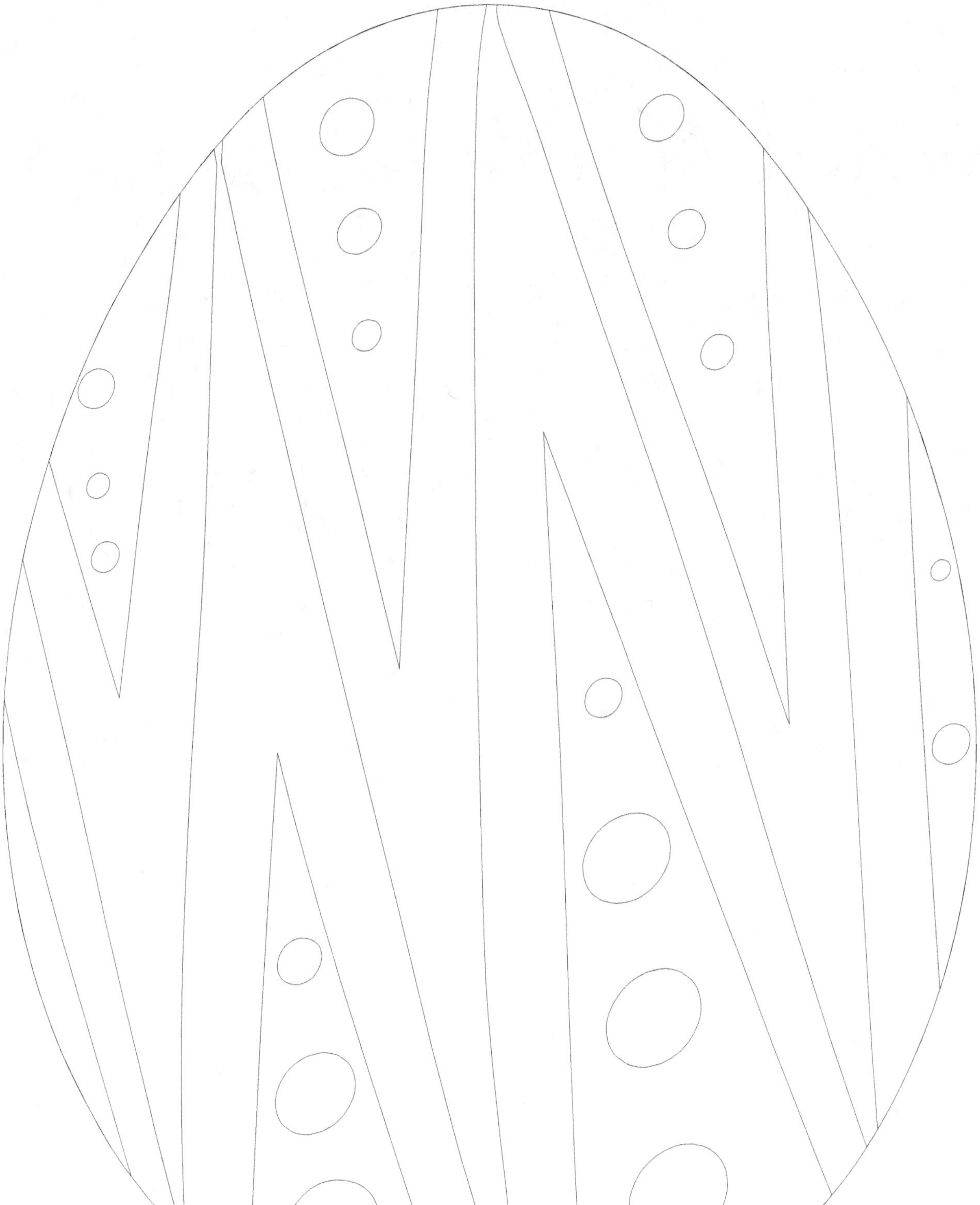

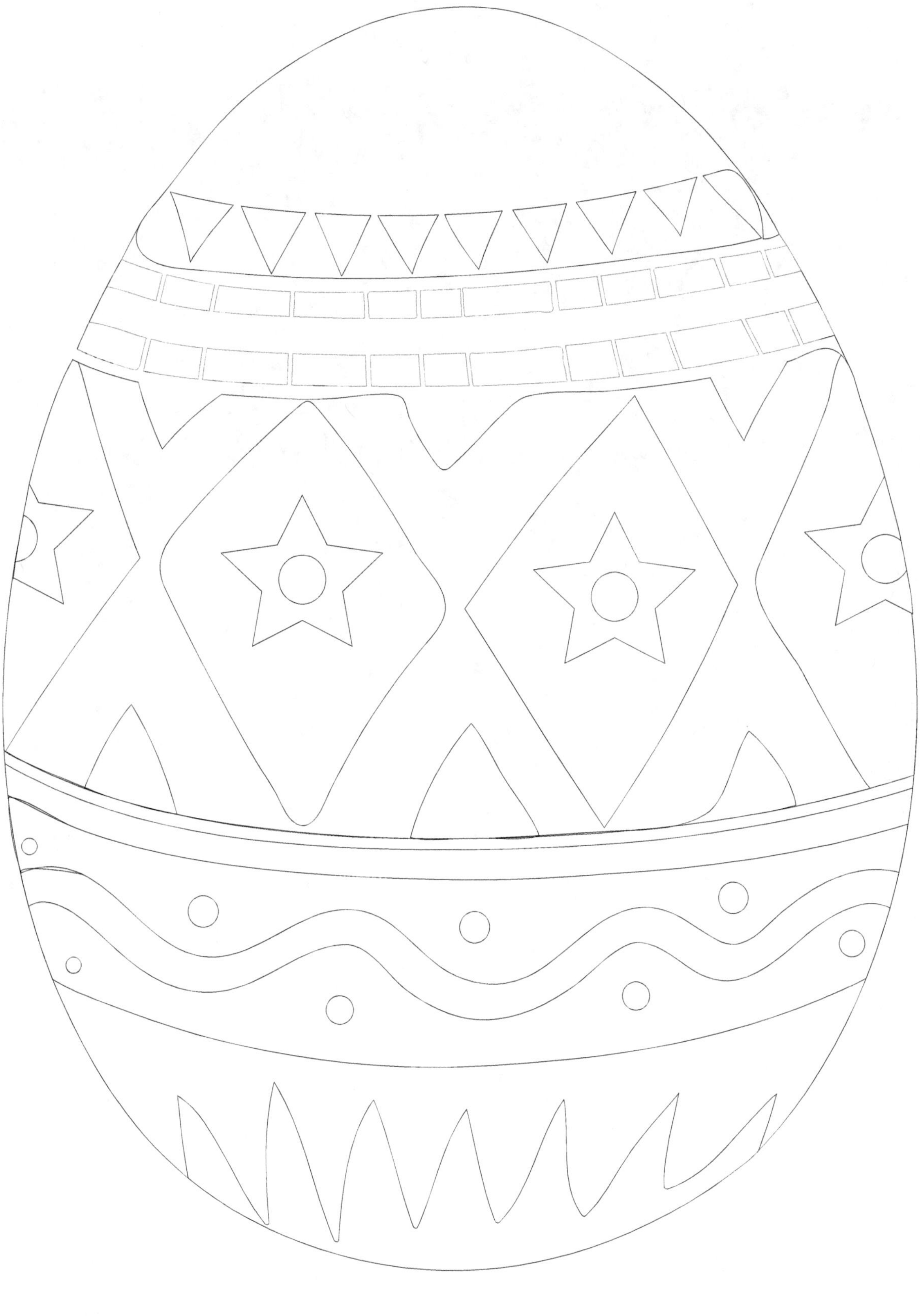

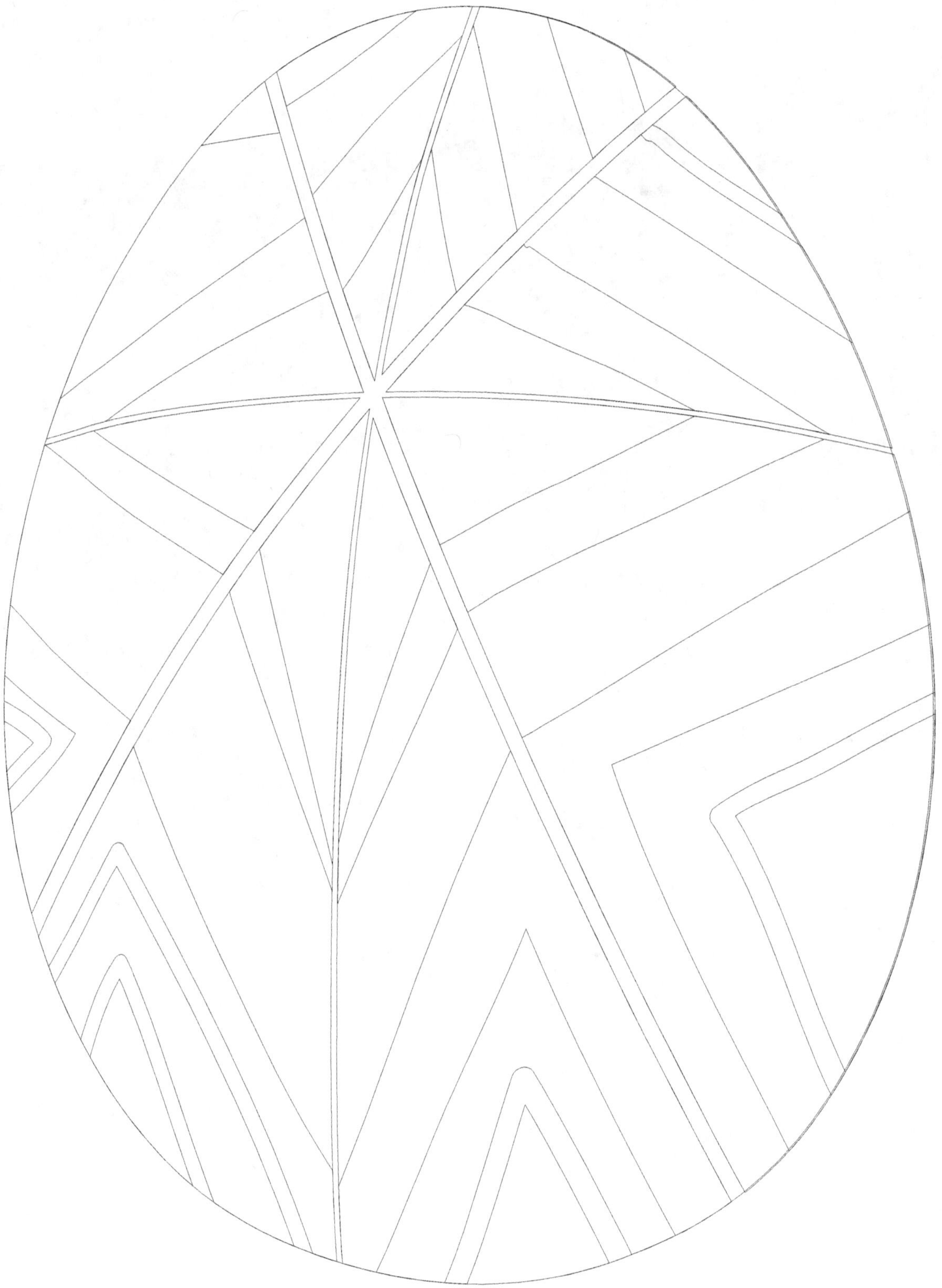

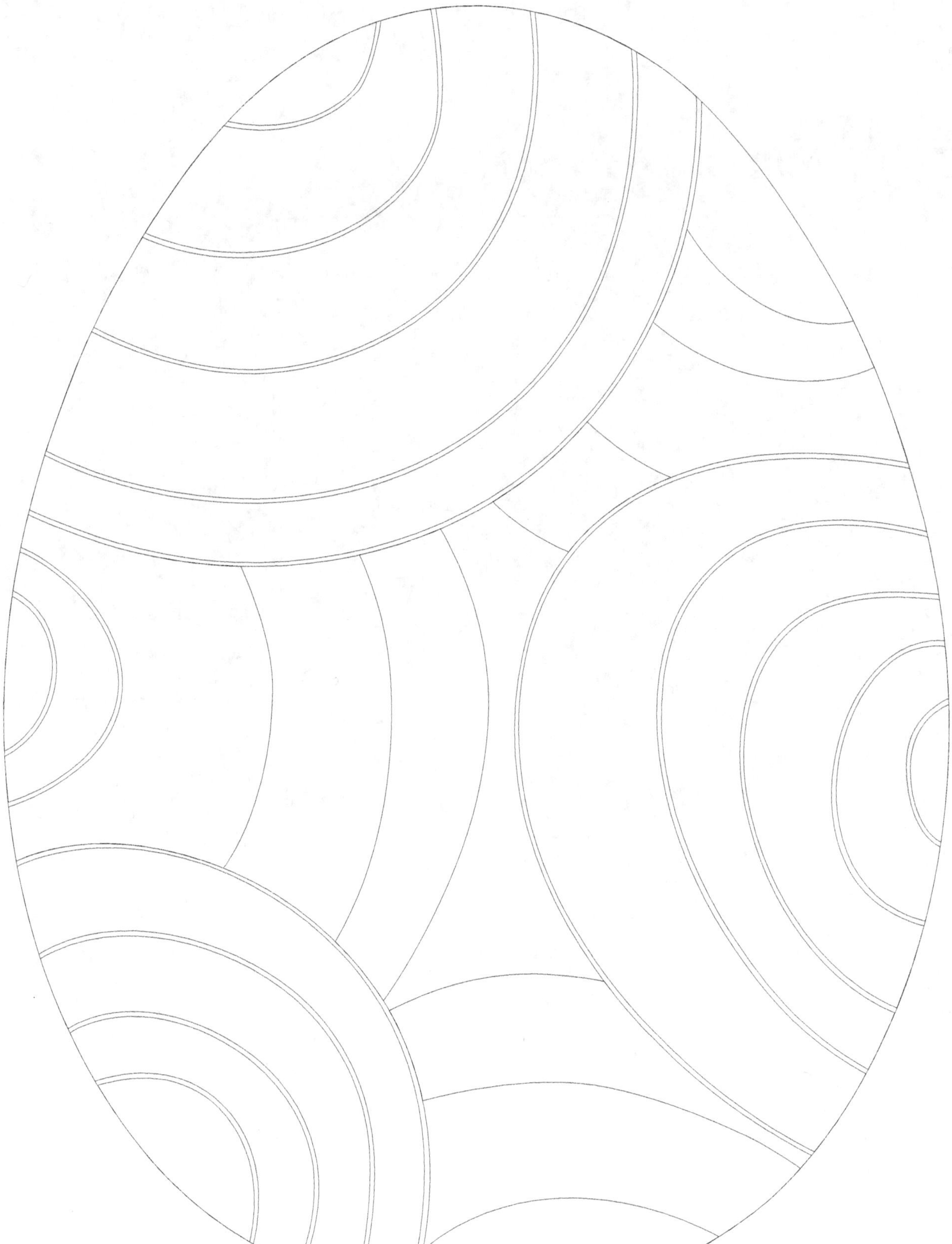

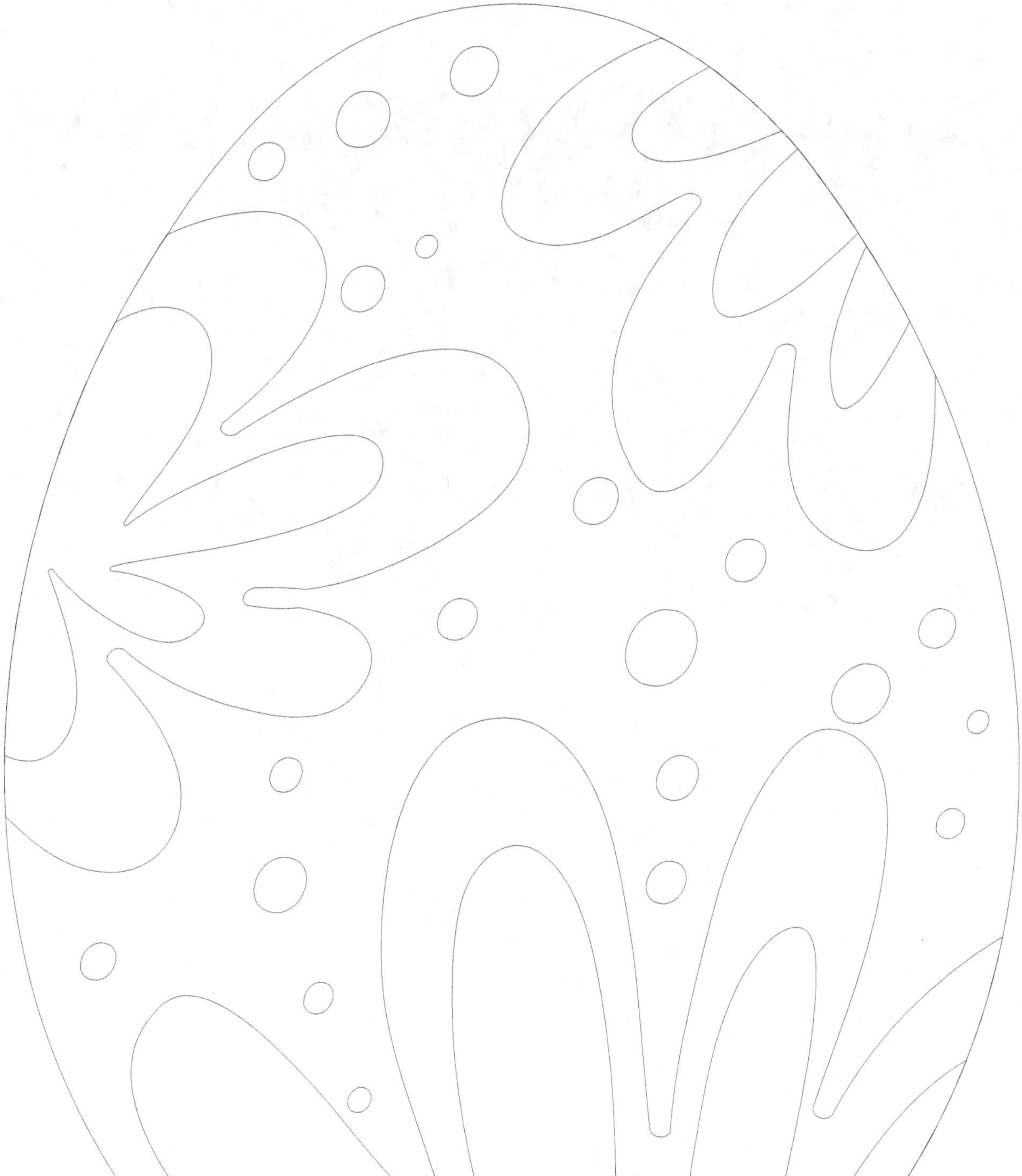

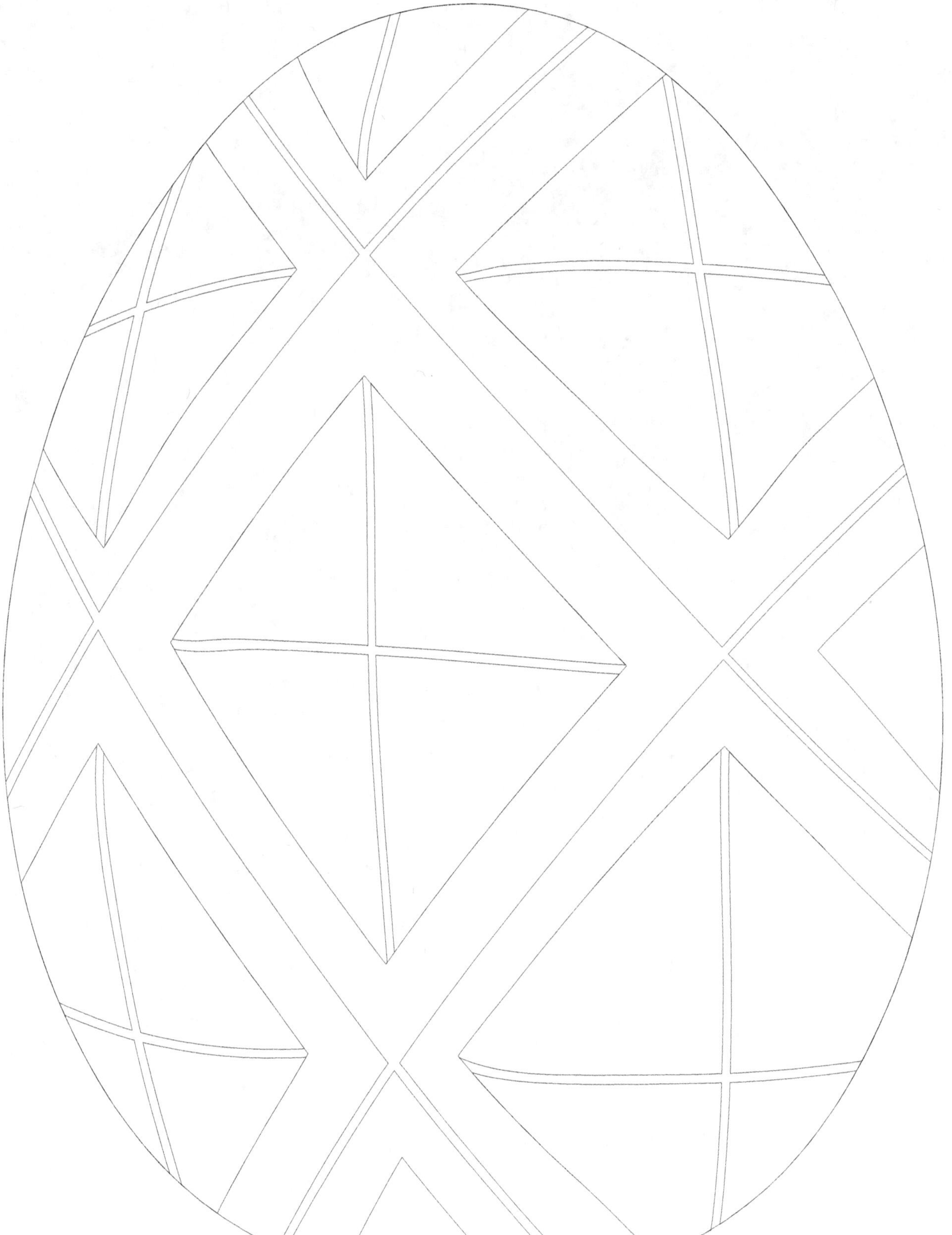

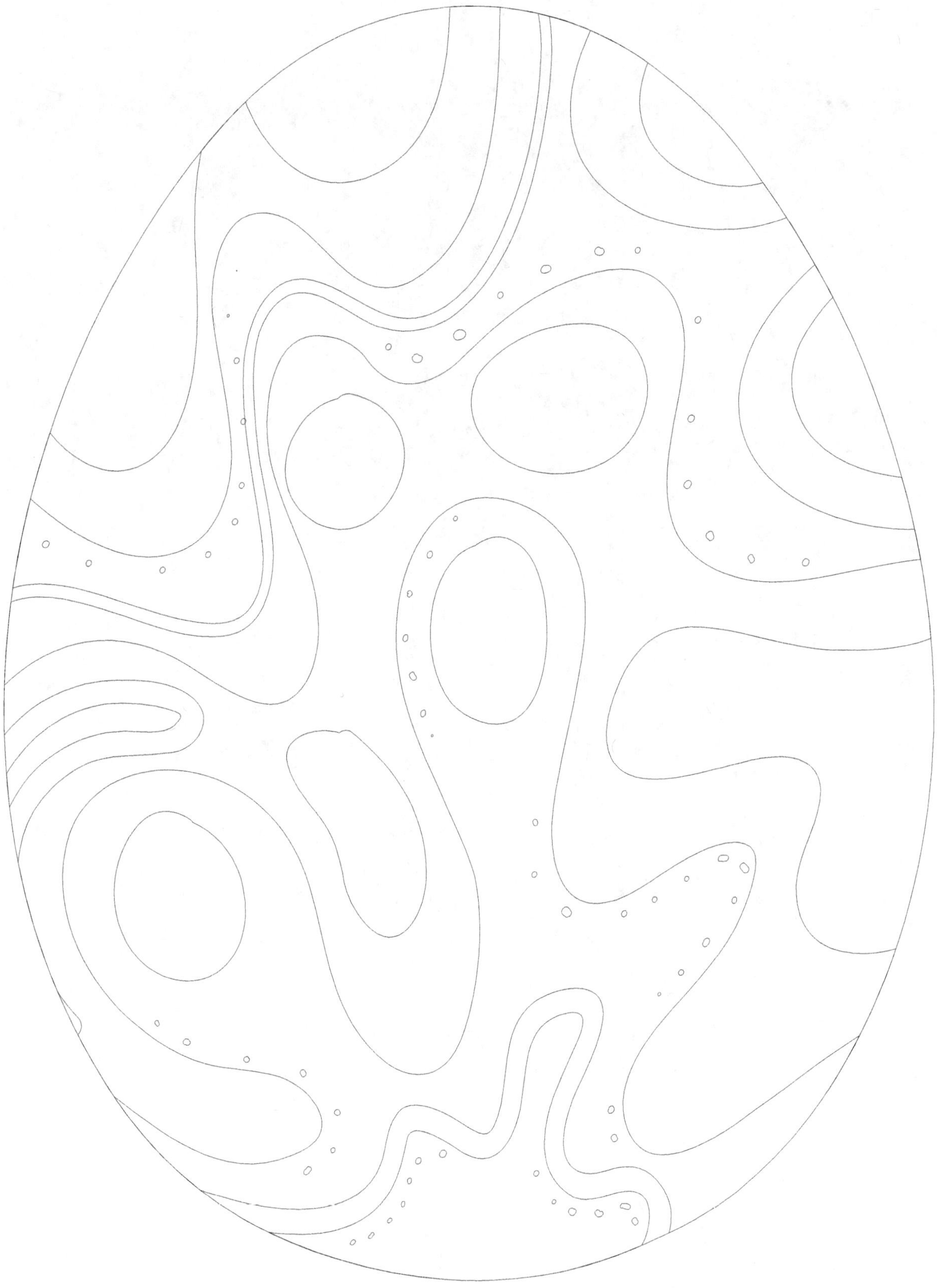

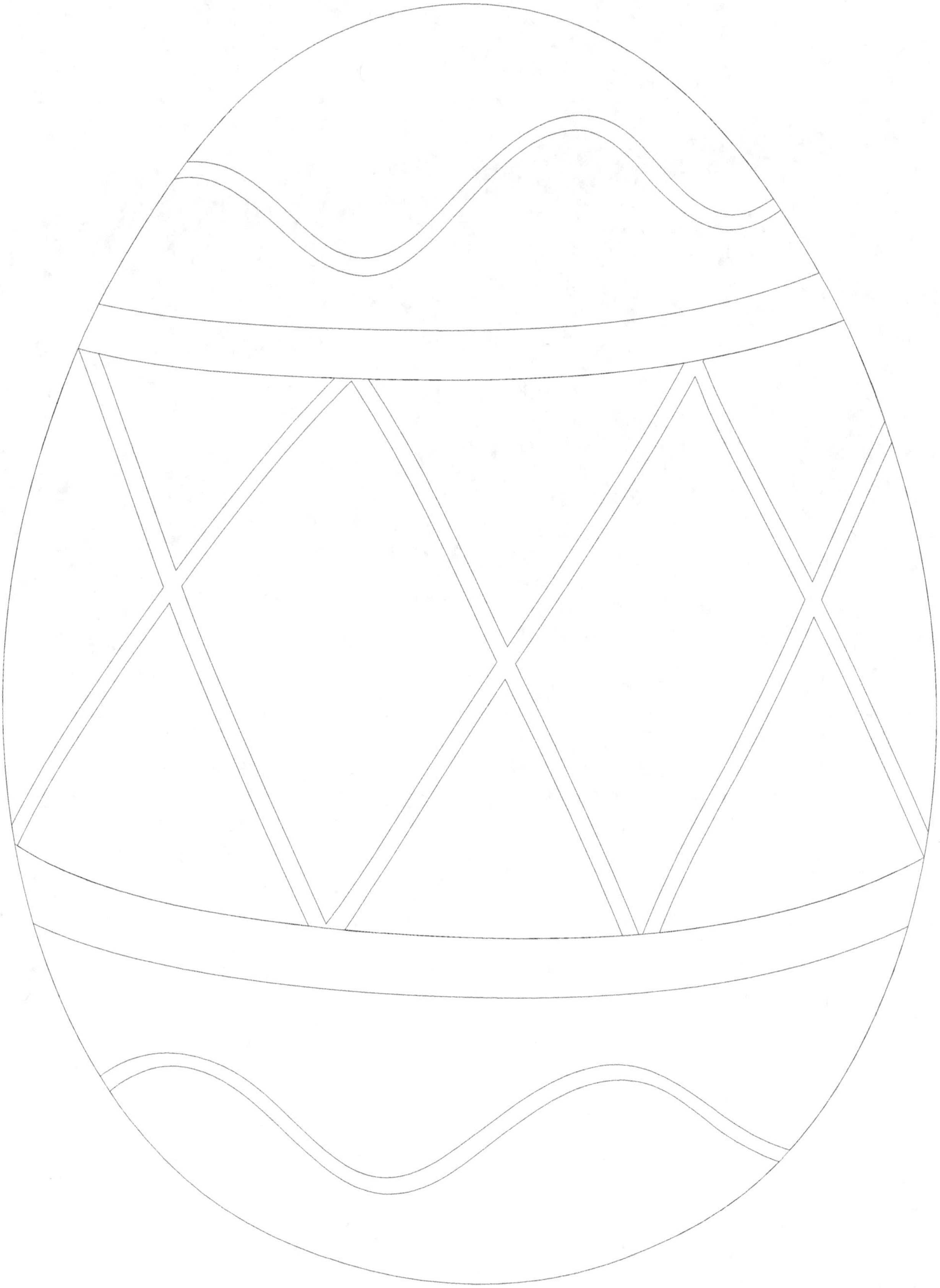

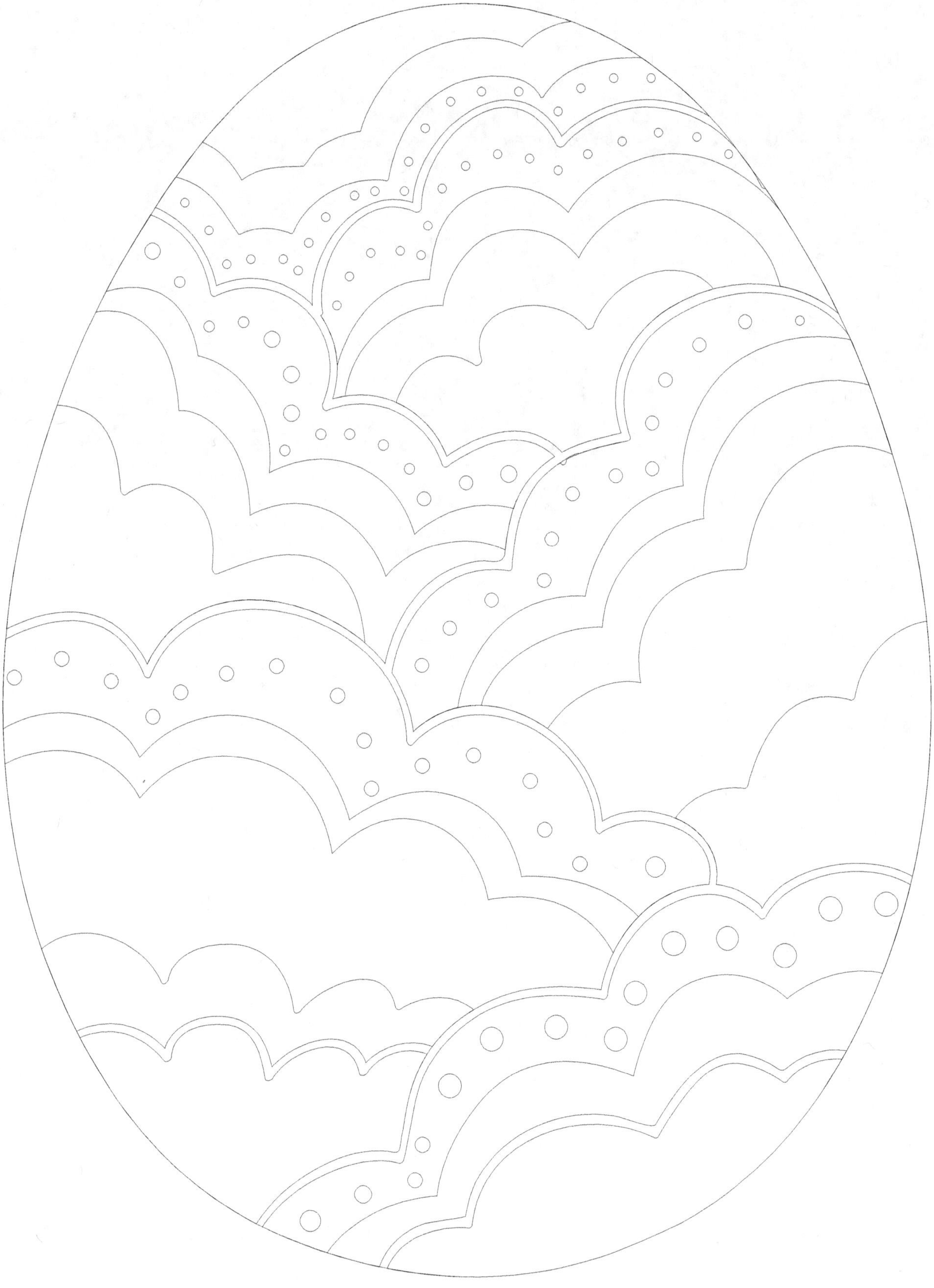

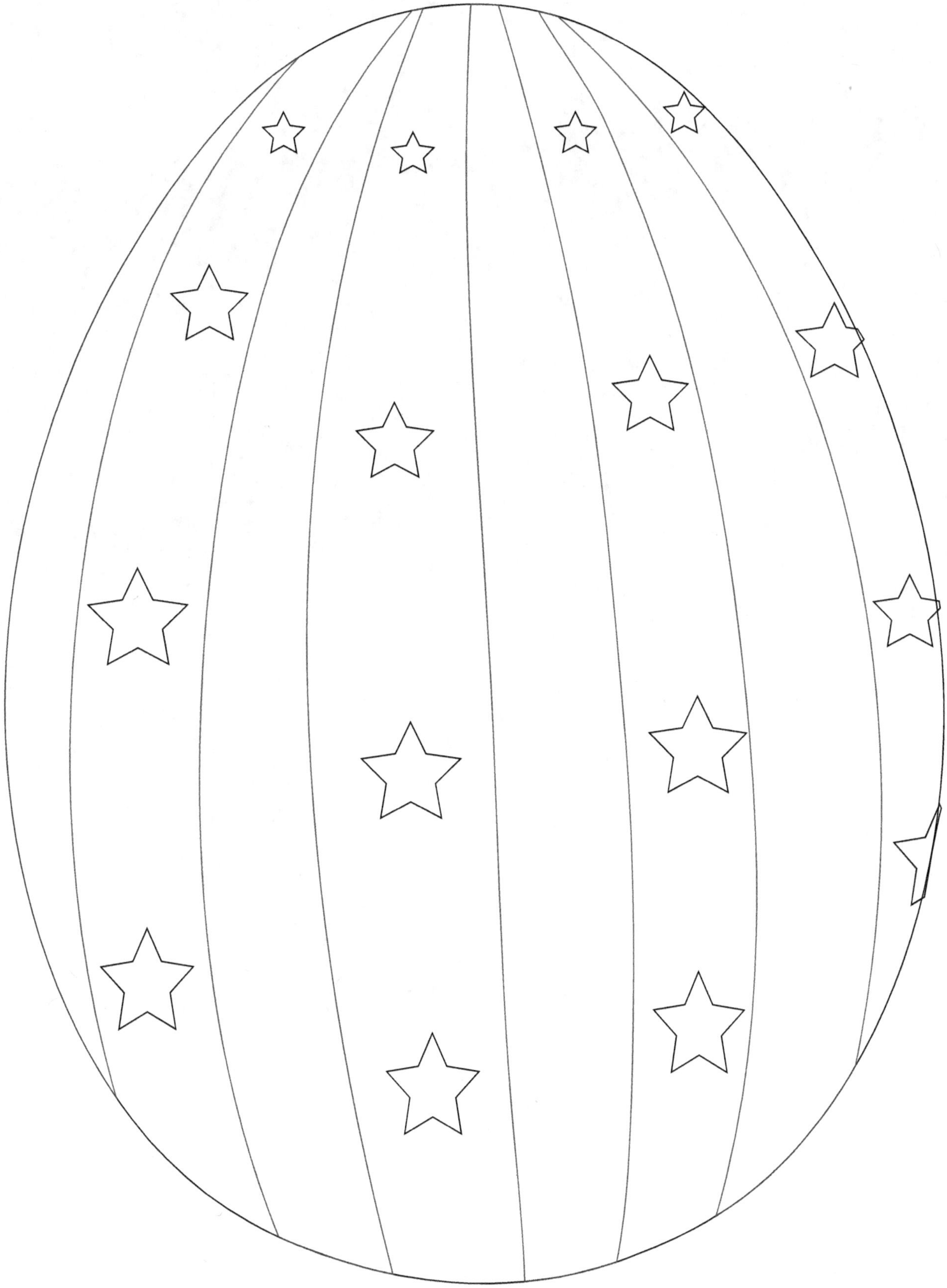

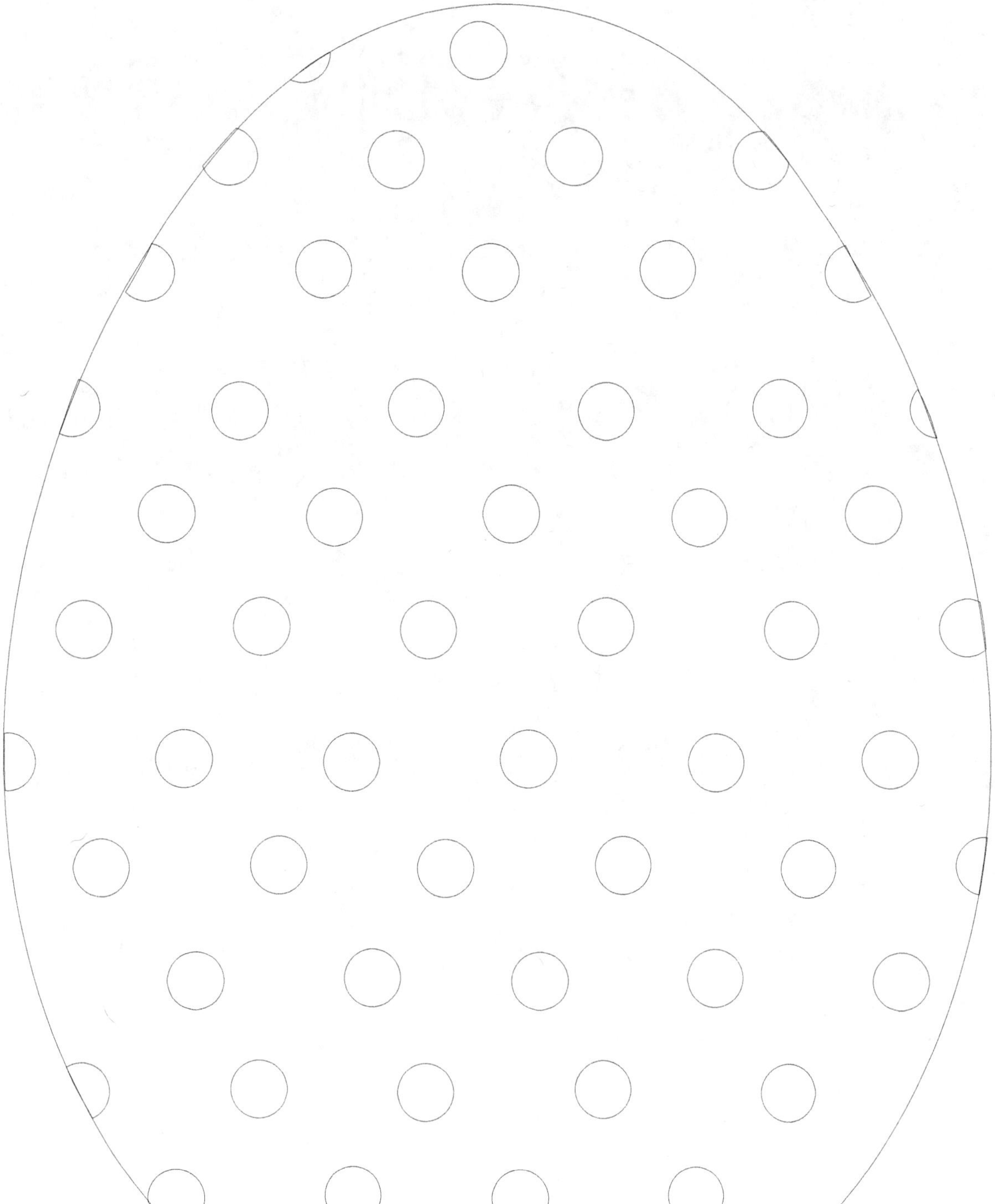

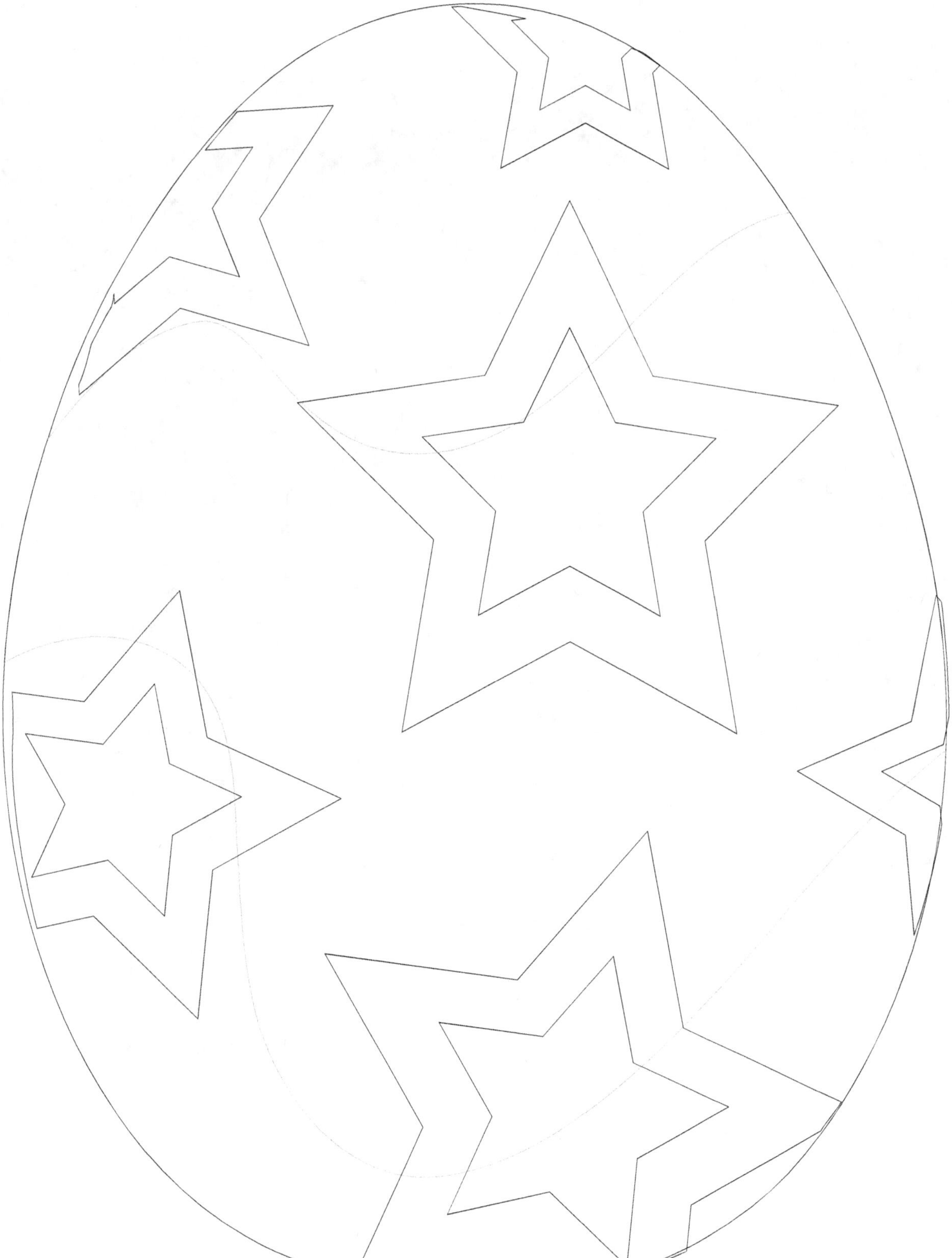

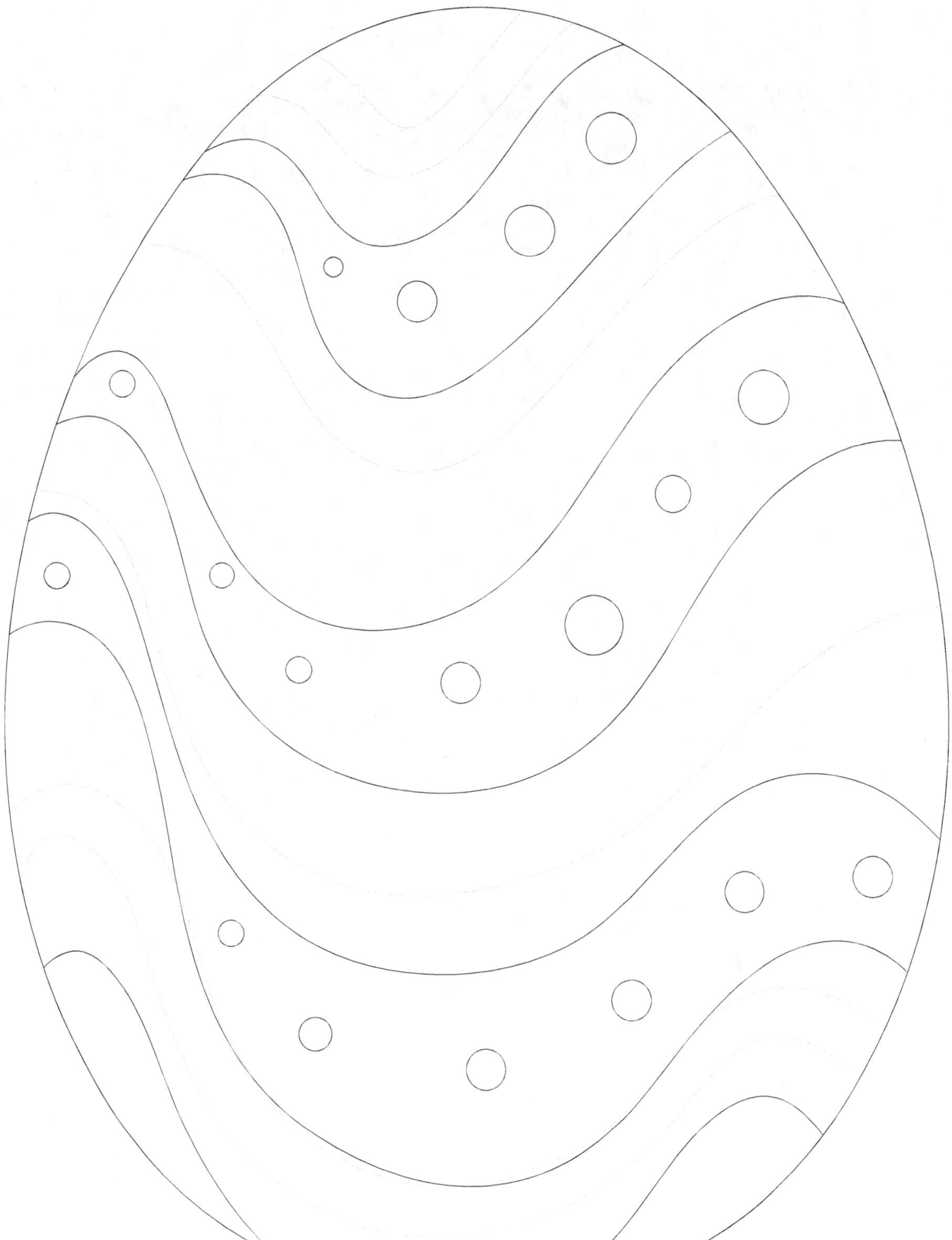

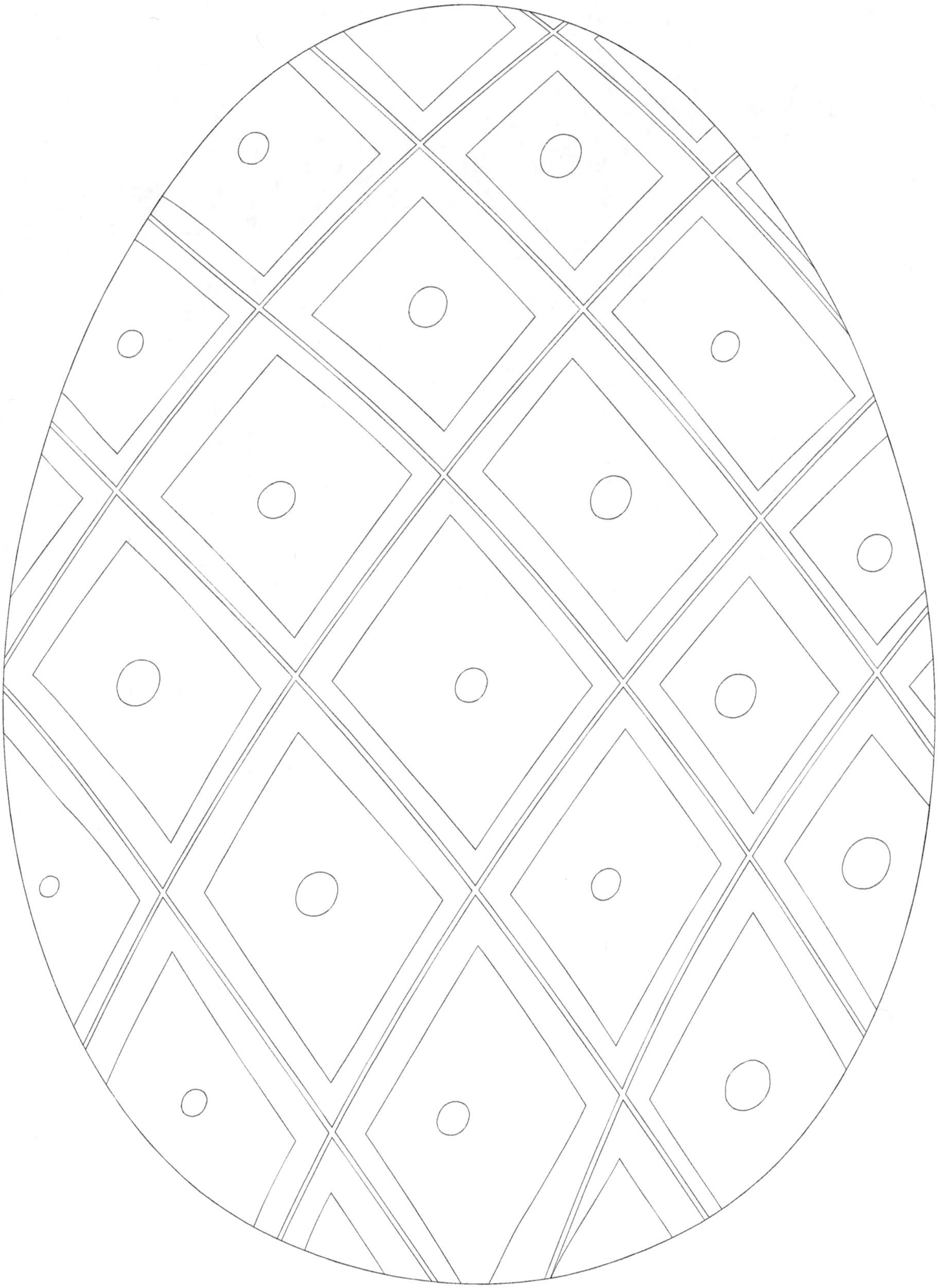

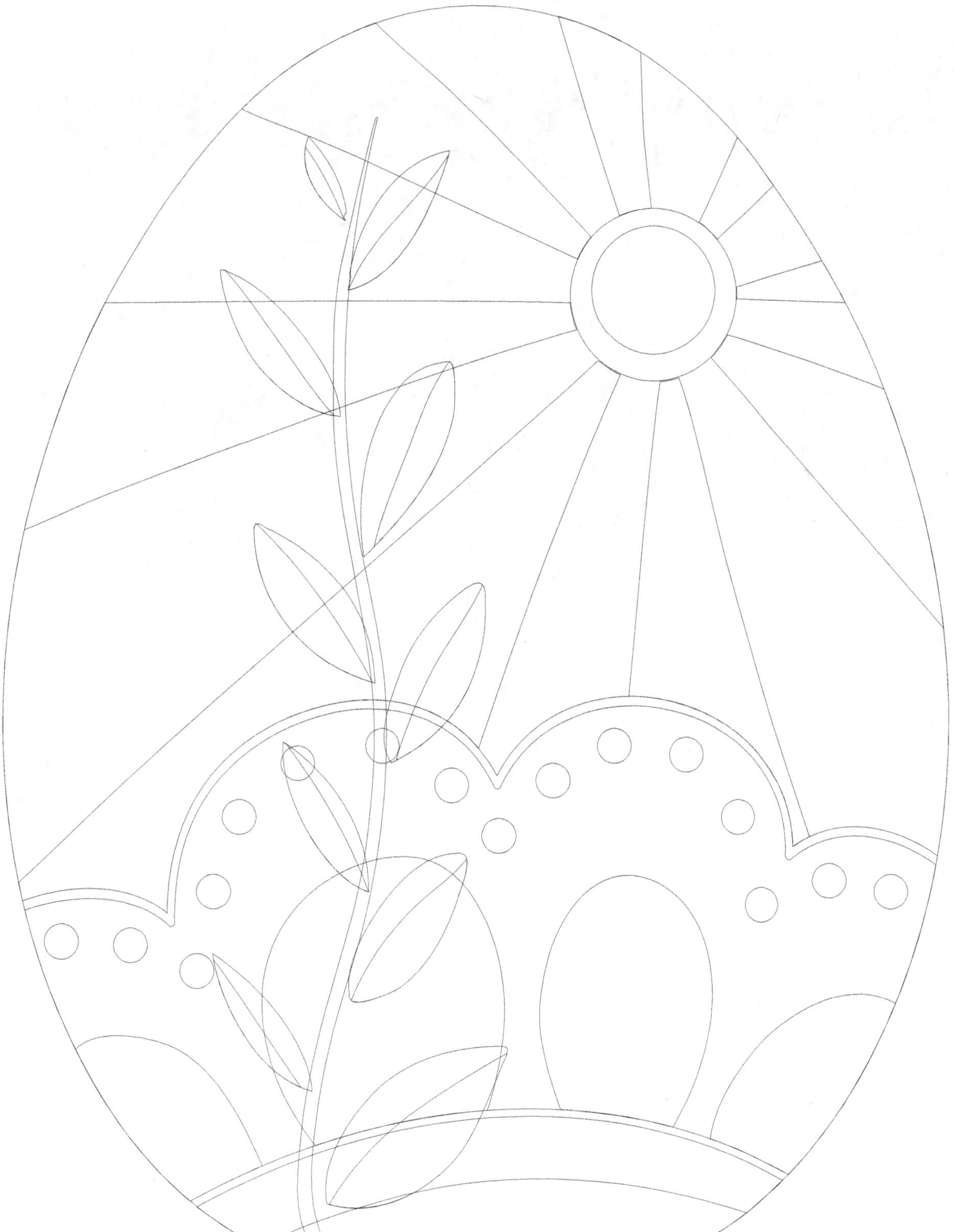

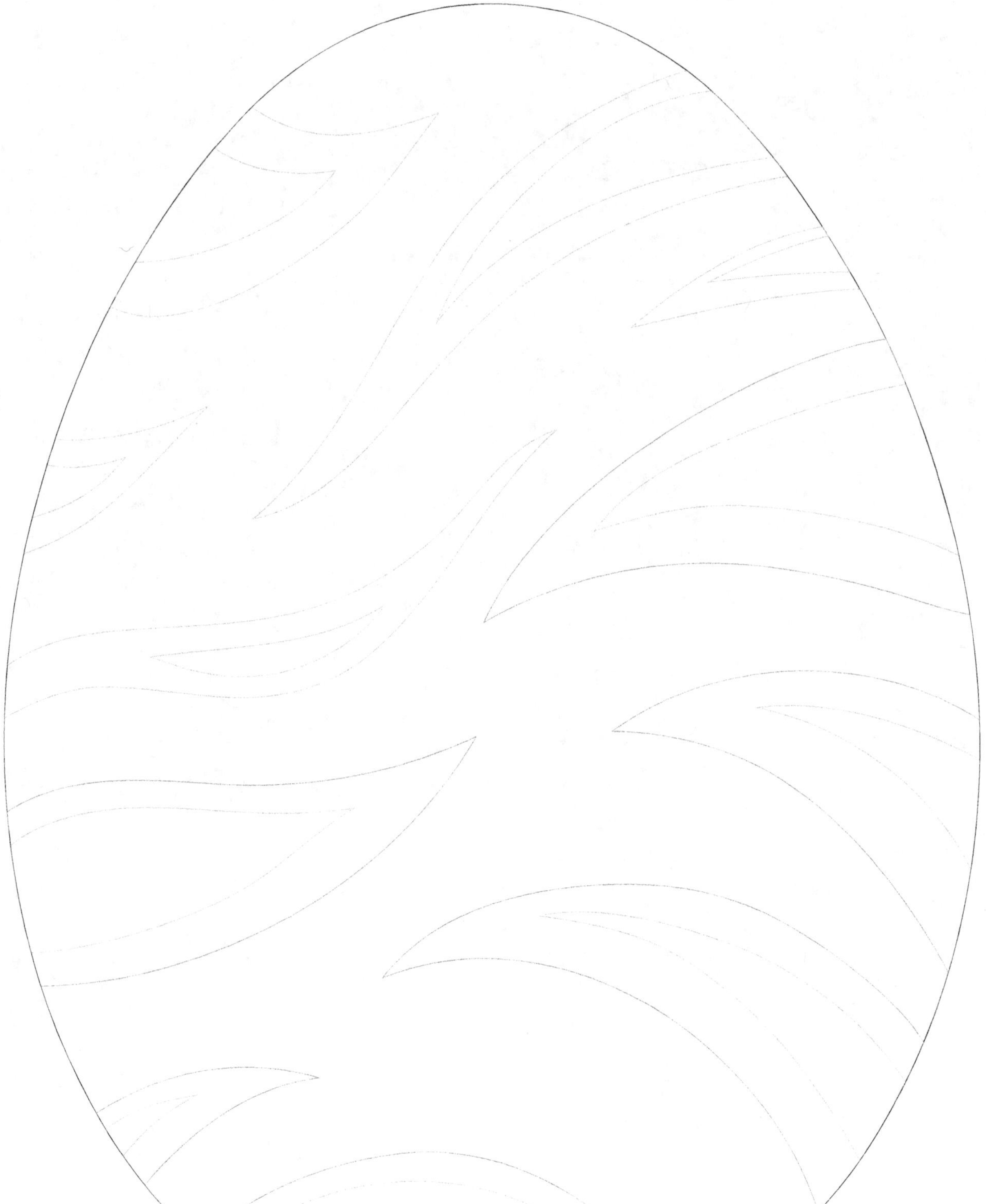

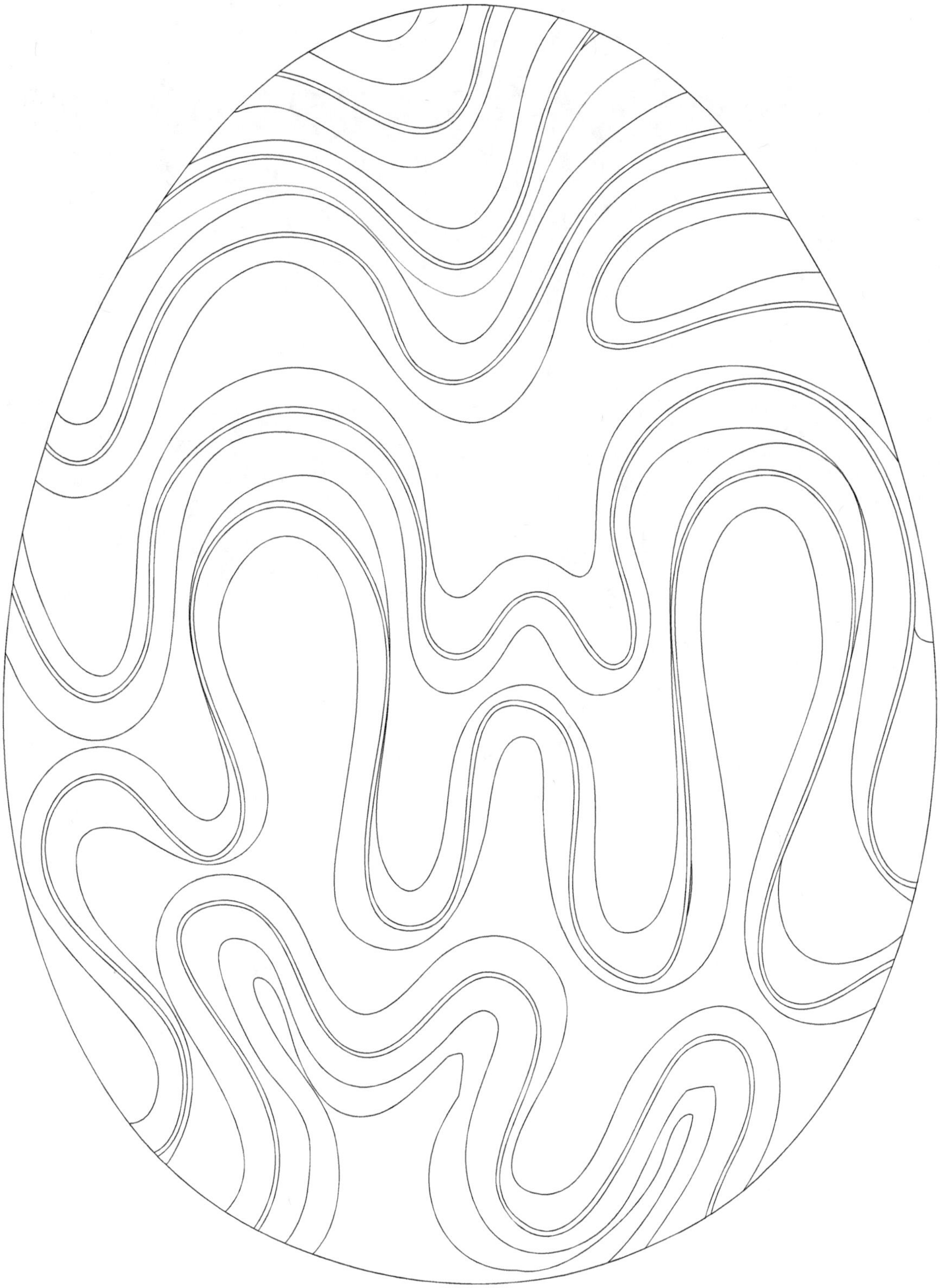

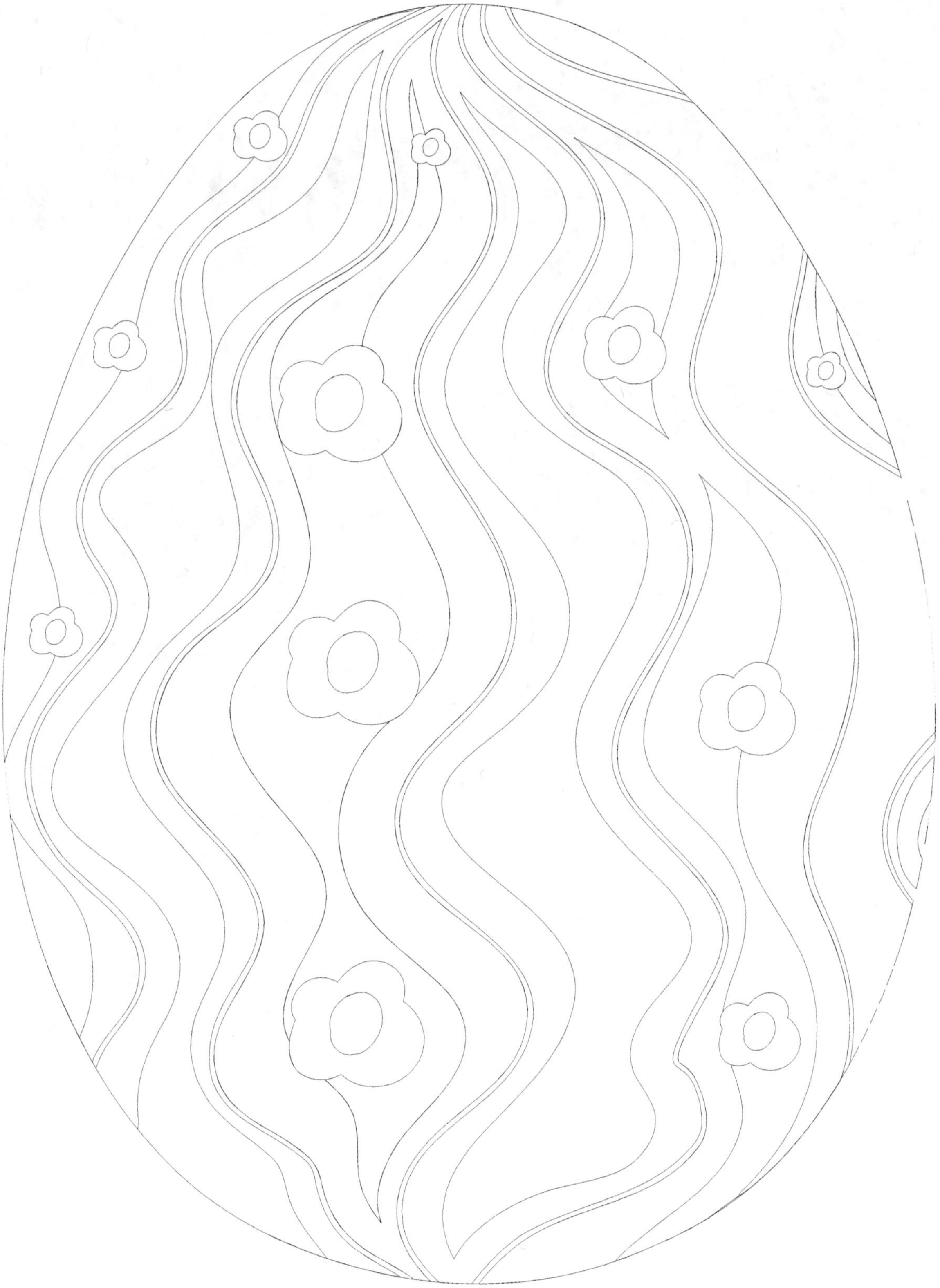

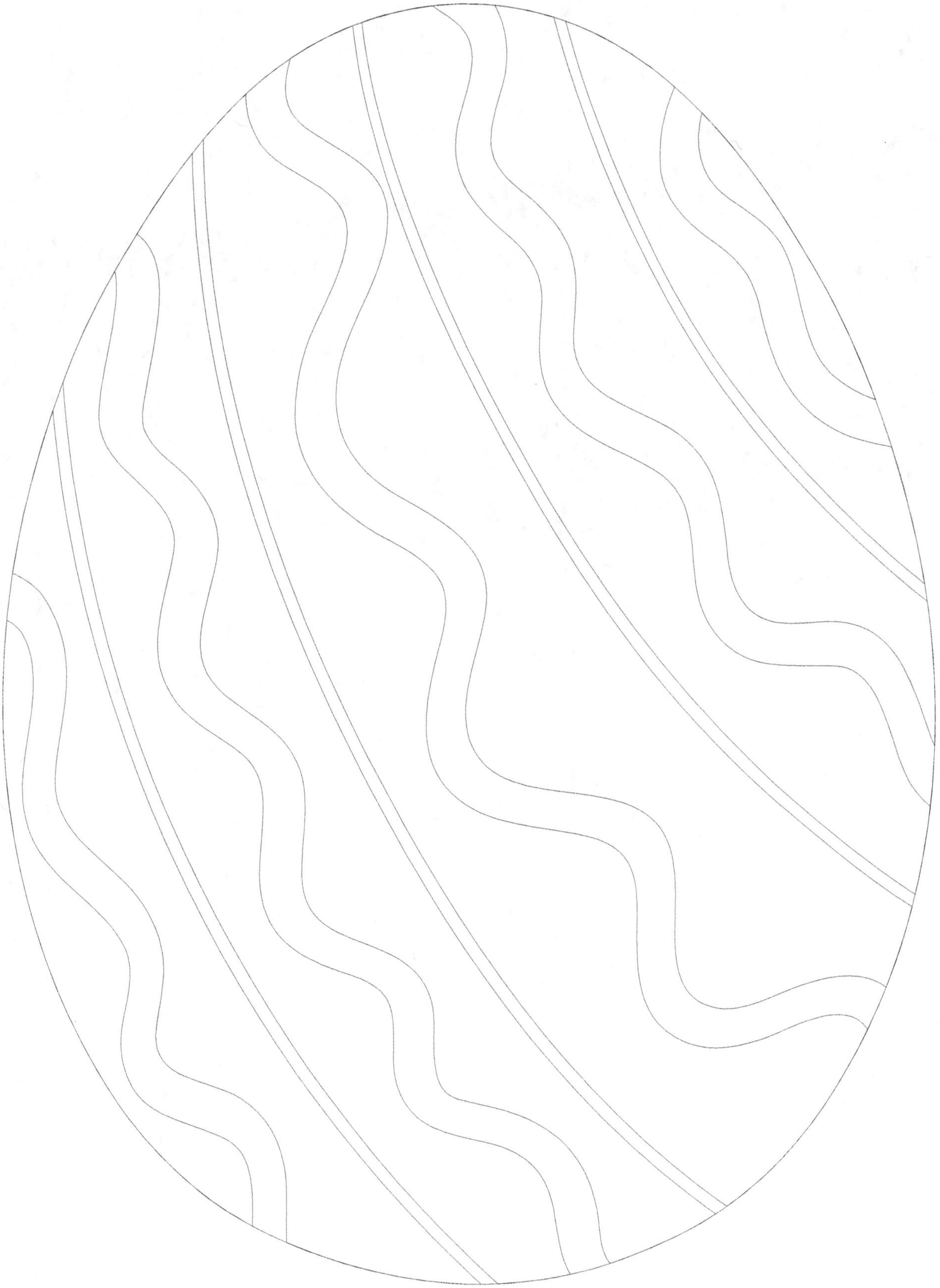

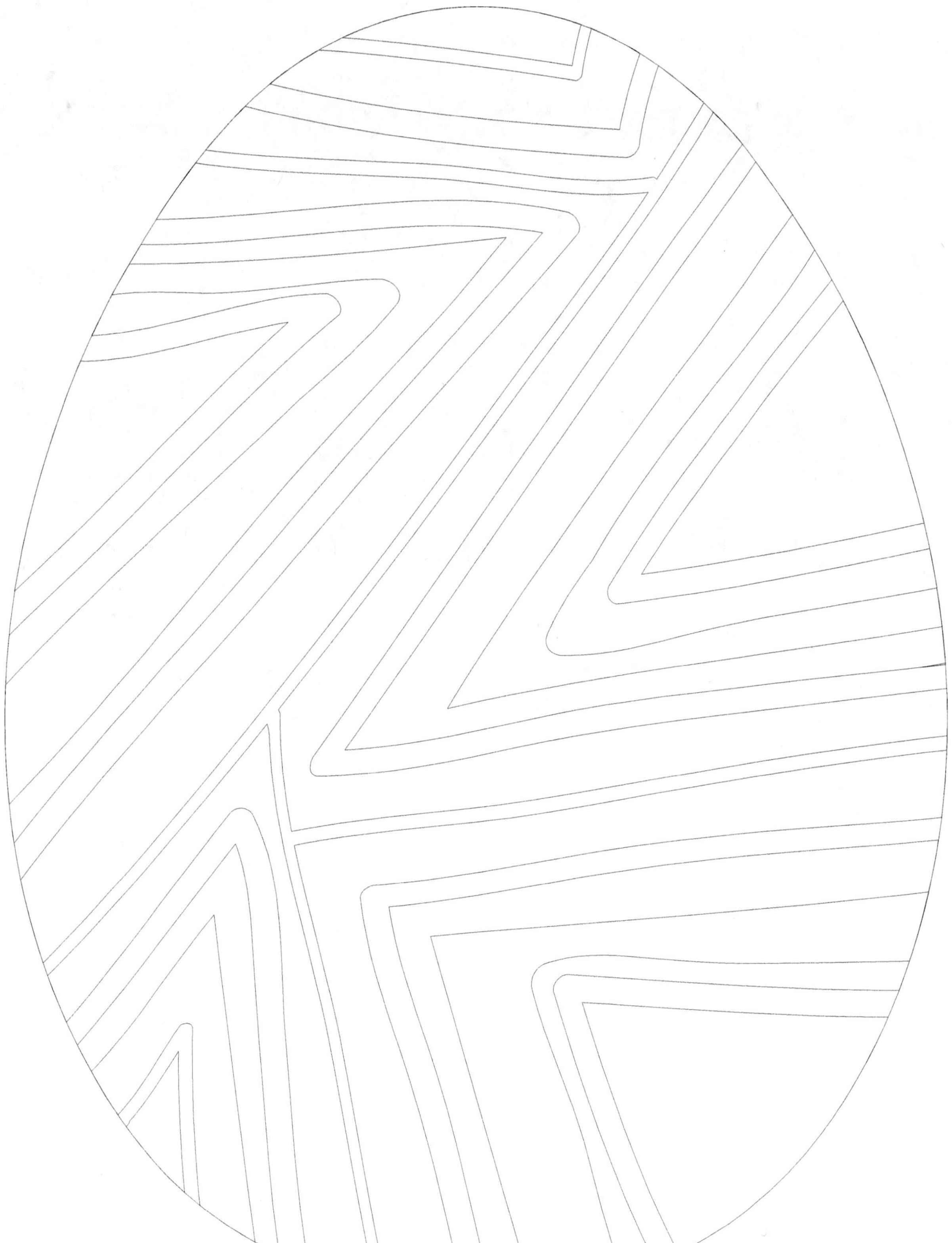

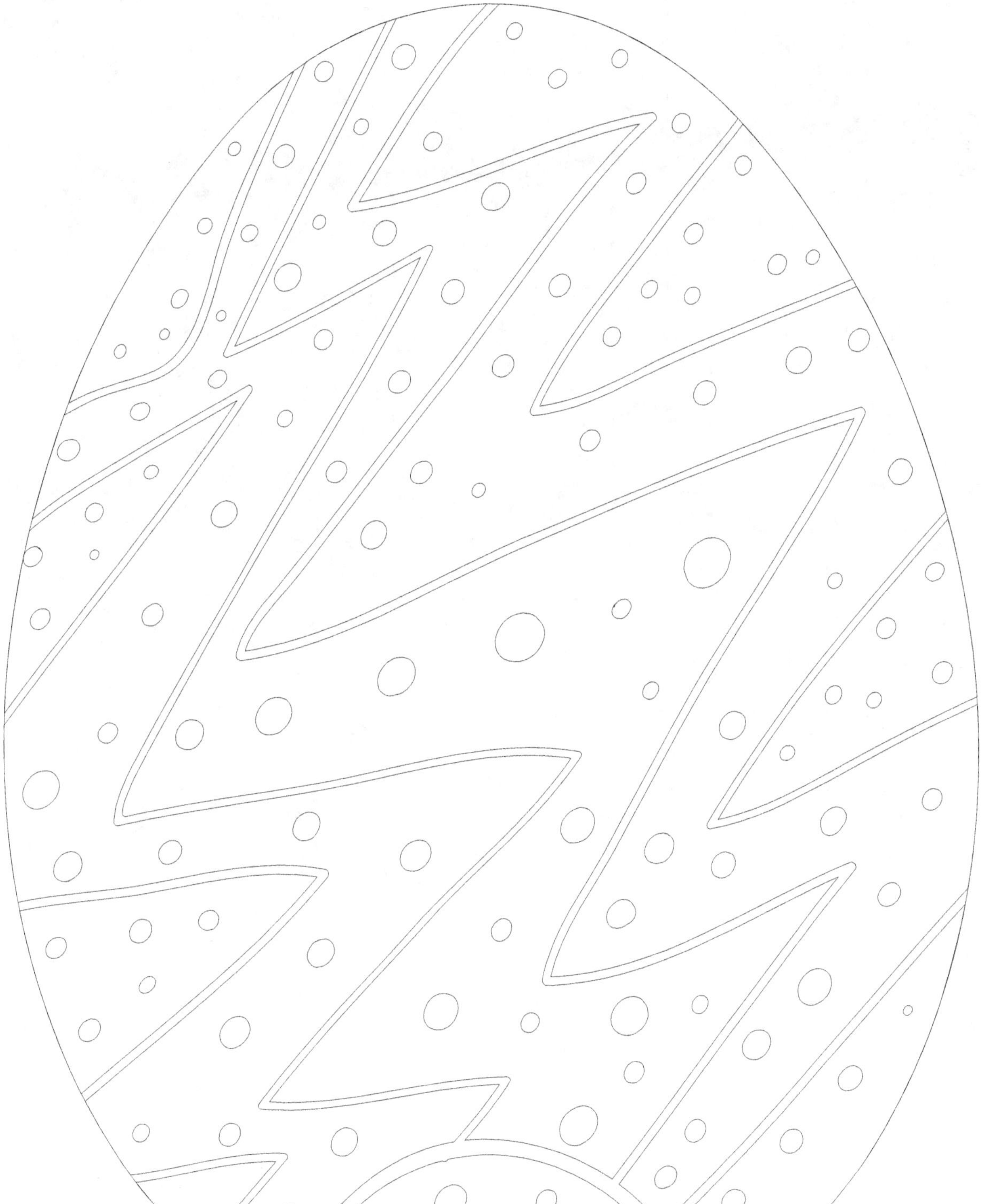

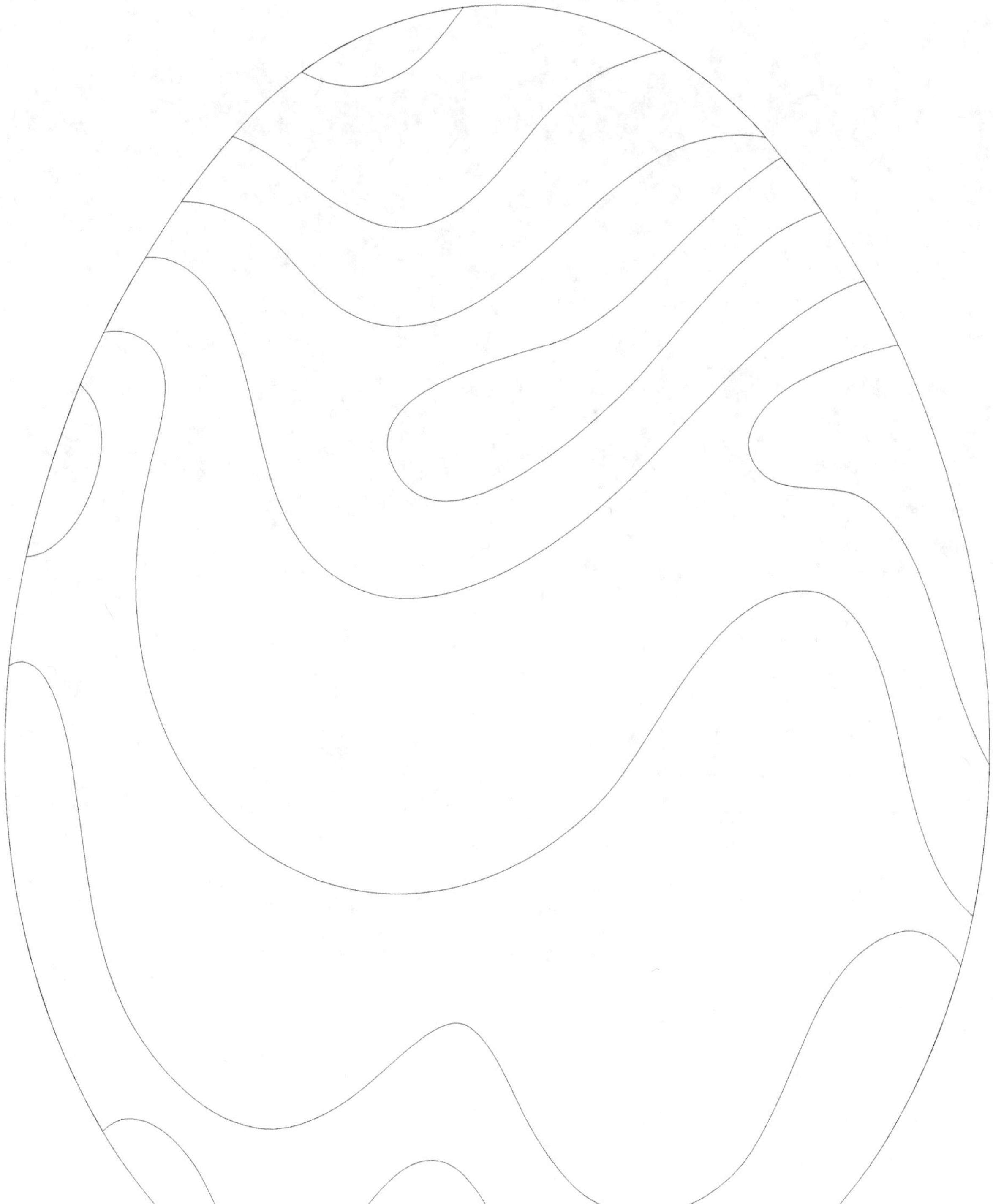

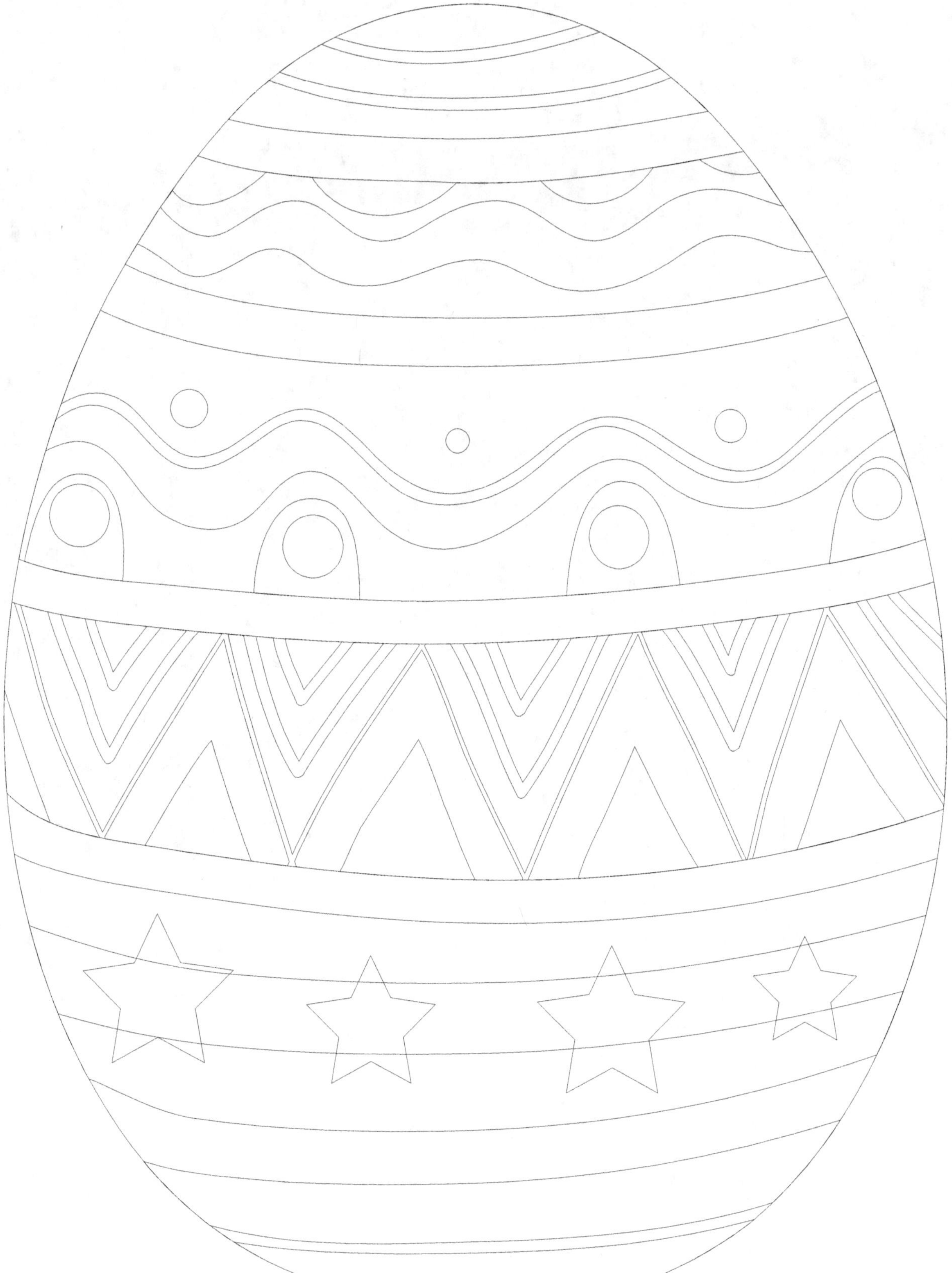

www.ingramcontent.com/pod-product-compliance
Lightning Source LLC
Chambersburg PA
CBHW081000220526
45467CB00008B/2634
* 9 7 9 8 7 1 2 1 5 6 3 3 7 *